Délicieuses soupes

LÉGÈRES, GOURMANDES, COMPLÈTES, EXOTIQUES...

Éditions
marie claire

Sommaire

INTRODUCTION

Retour aux soupes

Les soupes ont souvent eu mauvaise presse, cantonnées aux recettes de grands-mères et au sempiternel mouliné de légumes. Pourtant, la soupe peut se décliner au fil des saisons et elle est bien loin du repas ennuyeux que certains s'imaginent ! De la soupe-repas, savoureuse et rassasiante pour un plat complet, au gaspacho pour se rafraîchir durant la période estivale, il y a de quoi varier les plaisirs vers l'infini et au-delà !

On opte tantôt pour une soupe aux champignons et au riz rouge pour contenter son appétit féroce, tantôt pour un gaspacho de tomates et fruits rouges pour se délecter d'un breuvage frais et désaltérant.

Avant, dans un menu, la soupe n'était bien souvent qu'une entrée. Aujourd'hui, elle fait office de plat léger pour le soir, de plat complet pour le déjeuner, tel que le minestrone, ou de solution anti-gaspillage pour utiliser les restes du réfrigérateur ou les fanes des légumes dont on ne sait pas toujours quoi faire.

L'été, on se met à l'heure espagnole lorsque les soupes deviennent froides façon gaspacho. En entrée, en dessert ou dans le cadre d'un apéritif dînatoire, version salée ou sucrée, pour encore plus de gourmandise !

On peut parfois s'en servir d'atout diététique, en réalisant des bouillons nutritifs ou des soupes saines qui apportent tous les bienfaits dont notre organisme a besoin.

Les 9 commandements pour une soupe réussie

1 Des bons produits, tu choisiras. La qualité et la fraîcheur des produits sont primordiales dans n'importe quelle préparation, la soupe n'étant pas une exception. On veille donc à choisir des produits non transformés, lorsque cela est possible, et de première fraîcheur, c'est encore mieux pour éviter la soupe à la grimace !

2 Des fruits et légumes de saison, tu utiliseras. C'est le commandement de base. Des fruits et légumes de saison, pour des soupes qui ont du goût. On évite ainsi de faire une soupe de tomates en plein hiver. Néanmoins, si vous avez une irrésistible envie de tomates hors saison, optez pour des conserves, qui contiennent des tomates cueillies à maturité et à la bonne période. C'est également le cas avec les fruits rouges : on peut choisir des fruits rouges congelés, si l'on souhaite un gaspacho à l'automne. Encore mieux, on congèle soi-même ses framboises fraîches lorsqu'elles sont disponibles chez son maraîcher (privilégiez le local), pour en profiter tout au long de l'année.

3 Avec amour, tu cuisineras. Comme disait Paul Bocuse : « Il n'y a pas de bonne cuisine si au départ elle n'est pas faite par amitié pour celui ou celle à qui elle est destinée ». On cuisine ainsi avec amour et plaisir, pour ses proches ou, bien entendu, pour soi !

4 À tes goûts, tu l'adapteras. Tous les goûts sont dans la nature, il est donc important de moduler les recettes de ce livre à ses préférences et intolérances. Si l'on est allergique aux cacahuètes, on fait une soupe avec uniquement des patates douces. Pour ceux qui n'aiment pas la menthe, on la remplace par du basilic, qui se marie également très bien avec les petits pois. Ou encore, pour les non-aficionados du lait de coco, on opte pour une autre boisson végétale.

5 Un peu d'imagination, tu auras. La cuisine se réinvente chaque jour, c'est d'ailleurs ce qui en fait sa richesse. Testez des associations parfois improbables mais qui feront tout de suite « mouche » auprès de vos convives, notamment en mariant des fruits et des légumes. Ainsi, innovez en ajoutant une pomme à une soupe de courges, des poires dans une soupe à base de brocoli ou encore quelques graines de grenade en touche finale.

6 De l'avance, tu prendras. La soupe se conserve 2 à 3 jours au réfrigérateur et se congèle très bien jusqu'à 3 mois. Vous pouvez donc en préparer à l'avance. Attention néanmoins aux soupes qui contiennent des produits laitiers, leur temps de conservation se voit réduit de 24 h.

7 L'assaisonnement, tu rectifieras. L'assaisonnement est la touche finale d'une soupe réussie. Sans lui, et malgré plein de bons ingrédients, une soupe peut paraître bien fade !

8 La consistance, tu contrôleras. Vérifiez bien la texture : la soupe ne doit être ni trop liquide, au risque de la transformer en jus, ni trop épaisse, pour éviter de la rendre rassasiante au bout de deux louchées.

9 Dans de jolis bols, tu la serviras. Le moment du dressage est la dernière étape où vous pouvez laisser libre cours à votre imagination. Choisissez ainsi de jolis bols, tasses ou mugs et peaufinez la présentation avec divers toppings (granola, fleurs comestibles, graines...). De quoi faire sensation lors du service !

La boîte à questions spéciale soupe !

À chaque problème, sa solution !

JE FAIS QUOI SI MA SOUPE EST TROP LIQUIDE ?

Je rajoute quelques pommes de terre cuites et je mixe à nouveau.

ET SI ELLE EST TROP ÉPAISSE ?

Je rajoute un peu d'eau en veillant à bien rectifier l'assaisonnement juste après.

COMMENT BIEN ASSAISONNER MA SOUPE ?

Pour éviter de vous retrouver avec une soupe beaucoup trop salée, optez pour des cubes de bouillon de légumes (ou de volaille) qui ne nécessitent pas d'ajout de sel (vous pourrez parfois lire sur l'emballage « inutile de saler »). Puis en fin de cuisson, goûtez et ajoutez juste une pincée de sel si nécessaire et un ou deux tours de poivre du moulin.

INTRODUCTION

Tout est dans le détail

Pour décorer ses soupes au moment du dressage et épater ses invités, voici quelques astuces.

Des croûtons : un classique, mais quand ils sont faits maison ou avec un autre produit que du pain, cela fait déjà toute la différence. On opte alors pour des croûtons de pain d'épice, idéaux en accompagnement d'une soupe aux saveurs automnales. Des croûtons aux épices, à l'ail...

Des graines : quelques graines de tournesol, de courge, de sésame, préalablement torréfiées dans une poêle pour décupler leurs saveurs, et le tour est joué ! C'est croquant et gourmand, nous dirait un célèbre chef !

Des chips de légumes : des chips de chou kale, de topinambours... On réalise de fines lamelles de légumes à l'aide d'une mandoline ou, à défaut, d'un économe, avant de les faire frire dans une huile bien chaude (huile de tournesol ou de pépins de raisin par exemple), jusqu'à l'obtention de chips légèrement dorées.

Des herbes fraîches : coriandre, menthe, persil, ciboulette... pour apporter un peu de verdure et encore plus de saveurs !

Des oléagineux : noisettes, cacahuètes, noix de cajou, pistaches... Torréfiez vos oléagineux brièvement dans une poêle bien chaude (sans ajout de matières grasses) en surveillant bien, avant de les déposer sur vos préparations au moment de servir. Soit entiers, soit concassés. Plutôt que de les torréfier, vous pouvez également les faire griller au four, en les mélangeant avec un filet d'huile d'olive et des épices. Comptez environ 5 à 6 minutes à 175°C (th. 5-6).

De la crème : pour un peu de gourmandise, une généreuse cuillerée de crème fraîche épaisse ou pour une touche décorative, un joli tourbillon de crème liquide végétale ou non.

Des fleurs comestibles : bourrache, capucine, ciboulette, souci ou encore fenouil, les fleurs comestibles apporteront à vos soupes un côté printanier et feront chavirer les cœurs de vos invités, à coup sûr !

Du granola : pour apporter une touche croustillante et originale à vos soupes. Il convient très bien avec celles à base de courges.

Et tout ce qui vous fait plaisir : des baies de Goji, des châtaignes concassées, du pesto, du parmesan râpé...

« La bonne cuisine, c'est le souvenir », disait Georges Simenon. Cuisinez avec plaisir et appréciez vos plats avec délectation pour que chacun d'entre eux soit un souvenir impérissable. Une bonne soupe partagée avec les personnes que l'on aime et le tour

INTRODUCTION

La soupe chouchou des enfants

SERA MALIGNE !

Double objectif : faire manger de bons produits à vos enfants, et surtout les leur faire aimer. Pour y parvenir, avisez et ajustez selon l'appétit, les préférences et le tempérament de vos petits. Ajoutez par exemple un produit qu'ils adorent, comme le beurre de cacahuètes ou le fromage à tartiner, dans un potage plein de bons légumes qu'ils ont tendance à bouder. Ou modifiez petit à petit vos recettes, en diminuant par exemple progressivement la quantité de pommes de terre au profit du légume vert. Soyez imaginatif !

SERA LUDIQUE !

Pâtes rigolotes, mouillettes en forme de poissons, petits cubes de légumes multicolores à pêcher... Toutes les astuces sont bonnes pour mettre de la bonne humeur dans le bol de soupe et pour donner envie aux plus récalcitrants d'y plonger leur cuillère. Le jeu peut commencer avant, en cuisine avec papa ou maman.

N'hésitez pas à impliquer vos enfants dans la préparation de vos soupes. Selon leur âge, mettez-les à contribution pour peser les ingrédients, les verser dans le bol du blender, tailler les légumes aux formes de leur choix... Et bien sûr, faites-les participer aux courses, en leur proposant par exemple de choisir les légumes qui leur font envie sur l'étal du maraîcher.

SERA APPÉTISSANTE ET COLORÉE !

Chez les tout-petits aussi, l'appétit s'ouvre tout d'abord avec l'œil. Ne négligez pas l'aspect final de votre création ! Jouez sur les couleurs, les formes, la texture. Pensez pourquoi pas en amont à préparer avec vos enfants de délicieux croûtons, qui mettront du relief dans l'assiette. Parsemez-les ensuite de graines, d'herbes fraîches, décorez-les d'une belle quenelle de crème fraîche, nappez-les d'une cuillerée de ketchup maison... Faites appel à votre créativité !

SERA ÉQUILIBRÉE !

N'hésitez pas à proposer des soupes-repas à vos enfants : accompagnez votre légume star de riz, de pâtes, de légumineuses, de morceaux de viande, de poisson... En plus d'offrir un parfait équilibre nutritionnel, elles présentent l'avantage de vous épargner la corvée des autres plats ! Assaisonnez toujours après cuisson, car les bouillons du commerce sont déjà fortement salés. Variez les protéines animales et végétales, les huiles, les herbes fraîches, vous multiplierez ainsi les bienfaits pour vos tout-petits.

SERA SUR MESURE !

Vous seul(e) connaissez par cœur les goûts de vos enfants, ce qui les attire et ce qui, au contraire, les repousse. Optez pour des veloutés aux textures onctueuses si vos enfants adorent la purée, évitez les couleurs qu'ils rejettent habituellement à table, choisissez en ingrédient star leur légume favori, ou encore ajoutez une épice, une herbe dont ils raffolent.

Les soupes tradition

BOUILLONS, POT-AU-FEU, BISQUES...

POUR : *4 pers.*

PRÉPARATION : *20 min*

CUISSON : *13 min*

SOUPE TRADITION

Bouillon au poulet & aux herbes

FACILE × BON MARCHÉ

INGRÉDIENTS

150 g de pâtes risoni ou orzo • 2 brins de menthe • 2 brins d'aneth • 2 brins de persil • 200 g de restes de blanc de poulet cuit • 50 g de gruyère • 2 cubes de bouillon de volaille • Sel • Poivre

RÉALISATION

1 Diluez les cubes de bouillon dans 1 litre d'eau et faites chauffer. Ajoutez les pâtes et faites cuire 10 min.

2 Coupez le poulet en lanières et faites-le dorer 2 min dans une poêle. Lavez toutes les herbes et ciselez-les. Coupez le fromage en copeaux.

3 Ajoutez les lanières de poulet dans la casserole et attendez 1 min. Éteignez le feu et ajoutez les herbes. Salez et poivrez. Répartissez le bouillon dans des bols et ajoutez les copeaux de fromage avant de déguster.

Conseils :

On trouve désormais des bouillons plus naturels dans les supermarchés, en cubes, en infusettes ou en carrés déshydratés.

Les pâtes risoni sont aussi appelées langues d'oiseaux. À base de farine de blé, elles enrichissent les potages.

POUR : *4 pers.*

PRÉPARATION : *35 min*

CUISSON : *2h*

SOUPE TRADITION

Soupe au chou façon pot-au-feu

FACILE × BON MARCHÉ

INGRÉDIENTS

500 g de bœuf à pot-au-feu type macreuse • 4 pommes de terre • 1/2 chou vert frisé • 2 oignons • 2 carottes • 1 bouquet garni • 2 brins d'aneth • 4 cuil. à soupe de crème fraîche épaisse • 125 g de tomates concassées en boîte • 4 cuil. à soupe d'huile d'olive • Sel • Poivre

RÉALISATION

1 Plongez la viande dans une marmite d'eau froide, portez à ébullition. Égouttez-la, rincez-la. Remettez-la dans la marmite propre, couvrez d'eau salée, ajoutez le bouquet garni. Portez à ébullition, laissez cuire 1h30 à petit bouillon et à couvert, en écumant de temps en temps.

2 Pelez et émincez les oignons. Pelez les carottes et les pommes de terre, coupez les premières en rondelles et les secondes en cubes. Dans une grande cocotte avec la moitié de l'huile, faites revenir les oignons 5 min. Ajoutez pommes de terre, carottes et tomates. Poursuivez la cuisson 10 min. Débarrassez dans un plat.

3 Lavez le chou, ôtez les côtes blanches, émincez les feuilles. Faites-les revenir 5 min dans la même cocotte avec l'huile restante. Ajoutez les autres légumes, salez, poivrez, mélangez bien.

4 Sortez la viande en conservant son bouillon de cuisson. Coupez-la en cubes. Ajoutez-les dans la cocotte, parsemez d'aneth ciselé, versez du bouillon à hauteur, laissez cuire encore 10 à 15 min (les pommes de terre doivent être tendres). Servez avec 1 cuillerée de crème.

POUR : *4 pers.*

PRÉPARATION : *35 min*

CUISSON : *35 min*

SOUPE TRADITION

Bisque de tourteau

ASSEZ FACILE × ABORDABLE

INGRÉDIENTS

2 gros tourteaux cuits • 2 échalotes • 1 blanc de poireau • 1 petite carotte • 2 cuil. à soupe rases de concentré de tomates • 20 cl de vin blanc sec • 2 cuil. à soupe d'huile d'olive • 2 cuil. à soupe de cognac • 2 cuil. à soupe de crème épaisse • 4 brins de cerfeuil • 1 cuil. à soupe de paprika • Tabasco (facultatif) • Sel • Poivre

RÉALISATION

1 Décortiquez les tourteaux, réservez les carapaces et les pinces vidées, émiettez la chair et conservez-la au frais.

2 Pelez et hachez finement les échalotes. Épluchez la carotte, coupez-la en tout petits dés avec le blanc de poireau.

3 Faites chauffer l'huile dans une cocotte. Mettez les carapaces et pinces de tourteau vidées à revenir dans l'huile, en les remuant pendant 5 min. Flambez-les alors avec le cognac préalablement chauffé. Baissez le feu, ajoutez les légumes, le concentré de tomates, le paprika, le vin et 70 cl d'eau chaude. Salez, poivrez, mélangez, couvrez à demi et laissez mijoter 30 min.

4 Passé ce temps, retirez les carapaces et les pinces de la cocotte, puis mixez pour obtenir une bisque lisse et fluide. Relevez de Tabasco selon vos goûts. Ajoutez la crème, mixez à nouveau pour l'émulsionner.

5 Répartissez la bisque dans 4 bols, parsemez de chair de crabe, décorez avec des pluches de cerfeuil et servez aussitôt.

POUR : *4 pers.*

PRÉPARATION : *35 min*

CUISSON : *40 min*

SOUPE TRADITION

Soupe de tomate au pain

FACILE × BON MARCHÉ

INGRÉDIENTS

1,2 kg de tomates • 1 oignon rouge • 2 gousses d'ail • 2 brins de thym • 2 branches de romarin • 300 g de pain de campagne rassis • 10 cl d'huile d'olive • 1 cube de bouillon de légumes • Sel • Poivre

RÉALISATION

1 Pelez l'oignon et les gousses d'ail. Hachez-les au couteau. Coupez le pain en morceaux, puis hachez-les grossièrement dans le bol d'un robot.

2 Pelez les tomates, coupez-les en deux, épépinez-les et passez-les au moulin à légumes (grille moyenne) au-dessus d'un grand saladier.

3 Versez l'huile dans une cocotte et faites-y blondir l'ail et l'oignon 5 min. Ajoutez le pain et mélangez bien pour qu'il s'imprègne de l'huile sans colorer.

4 Effeuillez et hachez le thym et 1 branche de romarin, ajoutez-les dans la cocotte ainsi que les tomates, salez, poivrez et laissez cuire 5 min.

5 Dissolvez le cube de bouillon dans 1 l d'eau bouillante et versez-le dans la cocotte. Laissez cuire à petit feu en mélangeant souvent pendant environ 30 min.

6 Rectifiez l'assaisonnement, décorez chaque assiette avec le reste de romarin. Servez chaud, mais pas brûlant.

Les soupes froides

GASPACHOS, VELOUTÉS, CRÈMES...

POUR :
6 pers.

PRÉPARATION :
20 min
(la veille)

PAS DE CUISSON

SOUPE FROIDE

Gaspacho

FACILE × BON MARCHÉ

INGRÉDIENTS

2 kg de tomates • 1 poivron • 3 cébettes • 1 petite branche de céleri • 1 gousse d'ail • 2 brins de persil • 3 ou 4 morceaux de pain rassis • 5 cl de vinaigre de Xérès • 5 cl d'huile d'olive • Une pincée de piment d'Espelette • Sel • Poivre du moulin

RÉALISATION

1 Épluchez les tomates. Ébouillantez-les 1 min dans une casserole d'eau bouillante ou utilisez un économe pour ôter leur peau. Coupez-les en deux, ôtez leurs graines et leur pédoncule et coupez-les en morceaux.

2 Pelez le poivron à l'aide d'un couteau économe. Coupez-le en morceaux. Émincez les cébettes, le céleri et pelez l'ail.

3 Émiettez le pain entre vos doigts, placez-le dans un bol et versez le vinaigre par-dessus. Dans le bol de votre mixeur, placez les tomates, le poivron, le céleri, l'ail, les cébettes. Salez, poivrez et ajoutez le piment.

4 Mixez puis ajoutez le pain au vinaigre et l'huile d'olive. Continuez à mixer afin que la préparation soit lisse. Rectifiez l'assaisonnement et ajoutez un peu d'eau pour désépaissir. Placez le tout au réfrigérateur.

5 Servez accompagné de persil ciselé, d'une feuille de menthe, d'un œuf dur haché, de concombre coupé en cubes ou de rondelles de radis.

CONSEIL

Préparez-le la veille et laissez-le vous attendre au frais. Il aura gagné en saveur. Sinon, ajoutez-lui des glaçons juste avant de le servir.

POUR : *4 pers.*

PRÉPARATION : *20 min*

REPOS : *2 h*

SOUPE FROIDE

Gaspacho au melon & aux abricots

FACILE × BON MARCHÉ

INGRÉDIENTS

1 melon • 500 g d'abricots au sirop • 1 citron • 50 g de couscous d'orge • 50 g d'amandes effilées • 10 cl de jus d'orange • 1 cuil. à soupe de pastis • 2 cuil. à soupe d'huile d'olive • 2 brins de basilic

RÉALISATION

1 Faites chauffer le jus d'orange et versez-le sur la semoule de couscous. Laissez gonfler en égrenant l'orge à la fourchette. Laissez refroidir.

2 Ôtez l'écorce du melon et ses graines. Coupez-le en morceaux en conservant une petite tranche. Égouttez les abricots en en conservant 1 ou 2 pour le dressage.

3 Placez le melon et les abricots dans le bol de votre blender, ajoutez le pastis et l'huile d'olive et faites tourner pour obtenir une préparation bien lisse. Laissez au frais au moins 2 h.

4 Faites dorer les amandes à sec dans une poêle pendant 2-3 min. Ciselez le basilic. Coupez en petits cubes le melon et les abricots mis de côté.

5 Répartissez le gaspacho dans 4 assiettes creuses. Ajoutez au centre un peu de semoule, quelques dés de fruits, un peu de basilic et les amandes effilées.

POUR : *6 pers.*
PRÉPARATION : *40 min*
CUISSON : *30 min*
REPOS : *2h*

SOUPE FROIDE

Velouté glacé aux poivrons

ASSEZ FACILE × BON MARCHÉ

INGRÉDIENTS

4 poivrons rouges • 100 g de feta • 2 tranches de pain de mie • 2 gousses d'ail • 10 cl d'huile d'olive • 1 tablette de bouillon de légumes • Poivre

RÉALISATION

1 Allumez le four en position gril. Pelez les gousses d'ail et dégermez-les si nécessaire, mettez-les dans un petit plat, couvrez d'huile. Posez les poivrons sur la grille du four. Glissez-la à mi-hauteur du four et installez la lèchefrite en dessous. Enfournez également le plat d'ail.

2 Faites griller les poivrons en les retournant souvent jusqu'à ce qu'ils soient uniformément bruns (environ 30 min). Sortez-les du four, enfermez-les dans un sac en plastique (ils seront plus faciles à peler) et laissez refroidir. Sortez aussi le plat d'ail.

3 Pendant ce temps, diluez la tablette de bouillon dans 30 cl d'eau bouillante, laissez refroidir. Coupez la feta en tout petits dés, réservez au frais. Ôtez la croûte du pain, détaillez-le en tout petits dés. Faites-les dorer à la poêle avec un peu d'huile. Réservez-les à température ambiante.

4 Pelez les poivrons, ôtez les graines, et coupez la chair en morceaux. Dans le bol d'un robot, mixez-les avec l'ail. Versez un peu de bouillon en filet, pour obtenir un velouté. Poivrez, versez dans des verres, placez au frais au moins 2 h.

5 Au moment de servir, parsemez les veloutés de feta et de croûtons.

POUR : *4 pers.*

PRÉPARATION : *20 min*

CUISSON : *45 min*

REPOS : *3h*

SOUPE FROIDE

Gaspacho d'asperge

FACILE × ABORDABLE

INGRÉDIENTS

1,2 kg d'asperges blanches • 3 cébettes • 2 gousses d'ail • 1 tranche de pain de campagne • 1 citron vert • 1 cuil. à soupe de sucre semoule • 1 l de bouillon de volaille • 2 cuil. à soupe de vinaigre blanc • 4 cuil. à soupe d'huile d'olive • Sel • Poivre

RÉALISATION

1 Coupez le haut des asperges pour conserver les têtes. Pelez les tiges et coupez-les en rondelles.

2 Lavez et hachez les cébettes. Pelez les gousses d'ail, dégermez-les et hachez-les.

3 Dans une casserole, faites chauffer 2 cuillerées à soupe d'huile d'olive et faites blondir les cébettes et l'ail pendant 3 min. Ajoutez les asperges coupées en rondelles et laissez cuire 5 min. Puis versez le bouillon chaud sur le tout. Salez, poivrez et laissez cuire à couvert environ 30 min jusqu'à ce que les asperges soient bien moelleuses. Salez et poivrez.

CONSEIL

Ajoutez un filet d'une huile d'olive extra-vierge sur le gaspacho avant de le servir.

4 Pendant ce temps, recoupez les têtes en bâtonnets dans leur hauteur. Faites chauffer 2 cuillerées à soupe d'huile dans une poêle et faites sauter les bâtonnets environ 6 min, jusqu'à ce qu'ils deviennent légèrement dorés. Laissez de côté.

5 Lavez le citron vert et prélevez son zeste. Dans le bol d'un blender, mettez la tranche de pain coupée grossièrement, puis versez le contenu de la casserole. Ajoutez le sucre, le vinaigre et le jus du citron. Mixez fortement afin d'obtenir une crème bien lisse. Ajoutez les zestes de citron et rectifiez l'assaisonnement. Laissez au froid au moins 3 h.

6 Répartissez au centre de 4 assiettes les bâtonnets de pointes d'asperges, versez le gaspacho tout autour et dégustez.

POUR :
4 pers.

PRÉPARATION :
20 min

REPOS :
1h15

SOUPE FROIDE

Soupe froide de tomates ananas

FACILE × ABORDABLE

INGRÉDIENTS

1 kg de tomates ananas • ½ bâton de citronnelle • 1 cuil. à café de gingembre frais • 8 cerises noires (type Burlat) • 8 cerises jaunes (type Napoléon) • 60 g de tapenade • 15 cl d'huile d'olive (+ 1 cuil. à soupe) • 5 cl de vinaigre balsamique blanc • 5 cl de vinaigre de riz (+ 1 cuil. à soupe) • 2 tiges d'aneth • 2 tiges de fenouil bronze • Sel • Poivre

RÉALISATION

1 Coupez les tomates en morceaux. Placez-les dans un saladier et ajoutez l'huile d'olive, le vinaigre balsamique et le vinaigre de riz, la citronnelle émincée, le gingembre. Salez, poivrez et laissez mariner au frais 30 min.

2 Détaillez les cerises en quartiers après les avoir dénoyautées. Faites-les mariner 15 min à température ambiante, avec 1 cuillerée à soupe de vinaigre de riz et 1 cuillerée à soupe d'huile d'olive.

3 Mixez fortement le contenu du saladier et filtrez à travers une passoire. Laissez au moins 30 min au frais. Servez la soupe de tomates dans des assiettes creuses froides, disposez les quartiers de cerises noires et jaunes, quelques pointes de tapenade. Parsemez de feuilles d'aneth et de fenouil bronze.

CONSEIL

Vous pouvez utiliser des cerises congelées ou les remplacer par des mûres.

POUR : *6 pers.*

PRÉPARATION : *25 min*

CUISSON : *20 min*

REPOS : *6h*

SOUPE FROIDE

Gaspacho de pastèque

FACILE × BON MARCHÉ

INGRÉDIENTS

1 pastèque • 4 tomates • 200 g de feta • Le jus de 1/2 citron • 2 cébettes • 1 quignon de baguette de pain • 50 g de noisettes • 3 cl de vinaigre de Xérès • 2 brins de menthe • 10 brins de ciboulette • 5 cl d'huile d'olive • Sel • Poivre

RÉALISATION

1 Ôtez l'écorce de la pastèque et ses graines. Coupez-la en petits morceaux. Pelez les tomates, épépinez-les et coupez-les en cubes. Lavez et émincez les oignons, tout en conservant un peu de vert.

2 Concassez grossièrement les noisettes et faites-les torréfier dans une poêle à sec pendant 2-3 min. Laissez refroidir. Hachez grossièrement le pain. Prélevez les zestes du citron.

3 Placez le pain dans le fond du bol de votre robot, versez le vinaigre et l'huile. Ajoutez la pastèque, les tomates, la menthe et les cébettes, le jus de citron. Salez et poivrez. Mixez jusqu'à obtenir une consistance bien lisse. Laissez au froid au moins 6 h.

4 Coupez la feta en cubes. Ciselez la ciboulette. Répartissez le gaspacho dans des bols, parsemez de feta, noisettes et ciboulette. Ajoutez un peu de zeste de citron. Donnez un tour de moulin à poivre.

POUR :
4 à 6 pers.

RÉFRIGÉRATION :
2h

PRÉPARATION :
20 min

CUISSON :
35 min

SOUPE FROIDE

Soupe froide de courgettes au fromage de chèvre

FACILE × BON MARCHÉ

INGRÉDIENTS

1 kg de courgettes • 2 oignons jaunes • 1 gousse d'ail • 12 feuilles de menthe • 1 bûche de fromage de chèvre • 15 g de beurre • 50 g de pain rassis • 75 g de pignons de pin • 15 cl de boisson végétale d'amande • 3 cuil. à soupe d'huile d'olive • Sel • Poivre

RÉALISATION

1 Lavez les courgettes et coupez-les en rondelles. Pelez et hachez les oignons. Faites-les revenir dans une cocotte avec l'huile. Au bout de 3 min, ajoutez les courgettes. Au bout de 10 min, versez laboisson végétale, salez, poivrez et couvrez à hauteur avec de l'eau. Poursuivez la cuisson 20 min à couvert à feu moyen.

2 Taillez le pain en petits croûtons. Pelez et hachez l'ail. Faites-les dorer ensemble dans une poêle avec le beurre pendant 3 min en remuant bien. Débarrassez et, dans la même poêle, faites dorer les pignons 2 min. Mélangez l'ensemble.

3 Mixez très finement le contenu de la cocotte avec la moitié de la bûche de chèvre. Rectifiez l'assaisonnement. Laissez refroidir et placez au réfrigérateur au moins 2 h.

4 Coupez le reste de la bûche en petits dés. Versez la soupe dans des bols. Répartissez les croûtons à l'ail et aux pignons et le reste de fromage par-dessus. Décorez de feuilles de menthe.

POUR :
4 pers.

PRÉPARATION :
20 min (la veille)

REPOS :
1 nuit

PAS DE CUISSON

SOUPE FROIDE

Gaspacho de tomates 'Green zebra' à la mélisse

FACILE × BON MARCHÉ

INGRÉDIENTS

15 tomates green zebra + 1 tomate green zebra pour la décoration • 1 concombre • ½ poivron vert • 1 cébette • 1 gousse d'ail • 5 cl d'huile d'olive • Vinaigre balsamique • ½ botte de mélisse fraîche • Sel • Poivre

RÉALISATION

1 Lavez et pelez les tomates. Épépinez-les et coupez-les grossièrement.

2 Mettez-les dans un grand saladier. Lavez et pelez le concombre. Épépinez-le et coupez-le en lamelles. Lavez et égrenez le poivron, coupez-le en morceaux. Pelez la gousse d'ail et écrasez-la. Lavez et émincez la cébette. Ajoutez le tout dans le saladier.

CONSEIL

Vous pouvez ajouter un œuf dur haché sur le dessus du gaspacho juste avant de le servir.

3 Lavez et ciselez la mélisse, en conservant quelques feuilles pour la déco. Ajoutez-la dans le saladier. Arrosez avec 4 cuillerées à soupe d'huile et 2 cuillerées à soupe de vinaigre. Salez et poivrez. Filmez au contact et laissez au frais 12 h.

4 Le jour même, mixez très fortement le contenu du saladier et passez au besoin la préparation au chinois. Rectifiez l'assaisonnement.

5 Répartissez le gaspacho dans des assiettes creuses et ajoutez 1 rondelle de la tomate zebra réservée et quelques feuilles de mélisse. Versez 1 trait d'huile et de vinaigre et un peu de fleur de sel.

POUR : *6 pers.*

PRÉPARATION : *35 min*

CUISSON : *10 min*

REPOS : *5h30*

SOUPE FROIDE

Crème de laitue
aux légumes croquants

ASSEZ FACILE × BON MARCHÉ

INGRÉDIENTS

2 belles laitues • 250 g de feuilles d'épinard • 1 fenouil • 1 concombre • 1 pomme de terre • 1 oignon frais • 12 radis • 1 botte de persil • 125 g de faisselle de brebis • 25 g de beurre • Gros sel • Sel • Poivre

RÉALISATION

1 Lavez les salades et détachez leurs feuilles. Lavez le persil et ôtez les tiges. Lavez les feuilles d'épinard. Émincez l'oignon. Pelez la pomme de terre et taillez-la en dés.

2 Faites fondre le beurre dans une grande casserole et faites-y blondir l'oignon 2 min. Ajoutez la pomme de terre et couvrez d'eau à mi-hauteur. Salez et poivrez. Dès que l'eau bout, jetez dans la casserole les feuilles de laitue, les épinards et le persil. À la reprise de l'ébullition, poursuivez la cuisson 5 min.

3 Égouttez le contenu de la casserole en conservant l'eau de cuisson. Mixez très fortement l'ensemble en ajoutant le bouillon, de façon à obtenir la consistance souhaitée (plus ou moins liquide, selon ce que vous aimez). Placez au frais pour au moins 5 h.

4 Pelez le concombre et épépinez-le. Coupez-le en dés et placez-les dans une passoire. Saupoudrez de gros sel et laissez dégorger 30 min.

5 Lavez le fenouil et coupez-le en cubes de la même taille que ceux de concombre. Lavez les radis, incisez-les et coupez-les en rondelles. Mélangez tous ces légumes dans un grand bol. Réservez au frais.

6 Au moment de servir, répartissez le velouté dans des bols ou des assiettes creuses. Rectifiez l'assaisonnement. Ajoutez 2 grosses cuillerées de légumes croquants au centre du velouté et 1 cuillerée bombée de faisselle de brebis.

Les soupes plats

POUR UN REPAS COMPLET

POUR : *4 pers.*

PRÉPARATION : *30 min (la veille)*

CUISSON : *35 min*

REPOS : *8h*

SOUPE PLAT

Crème de lentilles
& truite façon gravlax

FACILE × BON MARCHÉ

INGRÉDIENTS

2 filets de truite • 500 g de lentilles • 4 brins d'aneth • 1 carotte • 1 oignon • 10 cl de crème liquide • 20 g de beurre • 25 g de sucre • 1 cube de bouillon de volaille • Gros sel • Poivre en grains

RÉALISATION

1 La veille, placez les filets de poisson dans un plat creux. Mélangez dans un bol, le sucre, une poignée de gros sel, la moitié de l'aneth haché, écrasez 1 cuillerée à soupe de grains de poivre et mélangez bien le tout. Recouvrez les poissons avec l'ensemble et mettez au frais au moins 8 h.

2 Le jour même, épluchez et hachez la carotte et l'oignon. Faites-les sauter dans une grande casserole avec le beurre. Rincez les lentilles et ajoutez-les au bout de 5 min, couvrez avec de l'eau et ajoutez le cube de bouillon. Laissez cuire 30 min.

3 Versez la crème liquide dans la casserole et mixez fortement l'ensemble. Salez, poivrez et remettez sur le feu pour réchauffer l'ensemble.

4 Passez les filets de truite rapidement sous l'eau froide. Ôtez leur peau, séchez-les et coupez-les en petits cubes. Versez la crème dans le fond de 4 assiettes à soupe, ajoutez au milieu des cubes de truite et parsemez avec les brins d'aneth restants.

CONSEIL

Vous pouvez ajouter quelques lardons fumés dorés à la poêle et des oignons frits au-dessus de la crème de lentilles avant de servir.

POUR : *4 pers.*

PRÉPARATION : *20 min*

CUISSON : *45 min*

SOUPE PLAT

Soupe aux herbes & aux pommes de terre

FACILE × BON MARCHÉ

INGRÉDIENTS

4 pommes de terre à chair ferme • 1 oignon • 2 branches de céleri • 4 brins de persil • 2 brins de romarin • 2 brins de thym • 4 feuilles de sauge • 2 brins de basilic • 50 g de bleu de Bresse • 2 œufs • 1 l de bouillon de légumes • 3 cuil. à soupe d'huile d'olive • Sel • Poivre

RÉALISATION

1 Pelez et hachez l'oignon. Lavez et émincez finement le céleri. Pelez les pommes de terre et coupez-les en petits dés.

2 Effeuillez le romarin et le thym. Faites durcir les œufs 10 min dans une casserole d'eau bouillante.

3 Dans une cocotte, faites revenir l'oignon 3 min dans 2 cuillerées à soupe d'huile d'olive. Ajoutez le céleri, continuez la cuisson encore 5 min, puis ajoutez les pommes de terre, mouillez le tout avec le bouillon de légumes chaud, salez, poivrez et faites cuire encore 25 min.

4 Ajoutez toutes les herbes ciselées, sauf le basilic, dans la cocotte et arrêtez la cuisson 2 min après.

5 Écalez les œufs et coupez-les en quatre. Émiettez le fromage. Répartissez la soupe dans chaque assiette ou bol et ajoutez les œufs, le basilic et le fromage.

CONSEIL

Si vous trouvez des feuilles de livèche, ajoutez-en dans la soupe : elles ont un goût qui se rapproche du céleri.

POUR : *4 pers.*

PRÉPARATION : *15 min*

CUISSON : *15 min*

SOUPE PLAT

Velouté aux petits pois & œuf mollet

FACILE × BON MARCHÉ

INGRÉDIENTS

2 échalotes • 500 g de petits pois • 1 citron non traité • 30 cl de lait • 20 g de beurre • 4 œufs • 4 brins de menthe • 1 cuil. à soupe de vinaigre • Sel • Poivre

RÉALISATION

1 Émincez les échalotes. Faites-les dorer dans le beurre à feu doux pendant 5 min. Ajoutez le lait et 20 cl d'eau. Salez, poivrez et portez à frémissement. Ajoutez les petits pois et laissez cuire 10 min.

2 Prélevez le zeste d'un citron.
Mettez de côté 4 cuillerées à soupe de petits pois pour servir et mixez le reste au blender avec les feuilles de menthe et le zeste de citron. Versez le velouté dans 4 assiettes creuses, ajoutez au centre les petits pois réservés.

3 Portez à ébullition une sauteuse remplie d'eau salée, ajoutez le vinaigre et cassez délicatement les œufs dans l'eau. Éteignez le feu et faites-les pocher 2 min. Retirez les œufs et disposez-les dans les assiettes. Salez, poivrez et servez avec du pain grillé.

CONSEIL

Mixez longuement pour avoir une texture veloutée très fine.
Vous pouvez aussi ajouter un filet de crème liquide.

POUR :
6 pers.

PRÉPARATION :
15 min

CUISSON :
35 min

SOUPE PLAT

Crème d'artichaut & poireau

FACILE × BON MARCHÉ

INGRÉDIENTS

1 kg de cœurs d'artichaut surgelés • 2 poireaux • 3 gousses d'ail • 3 brins de persil plat • 2 œufs • 30 g de beurre • 4 filets d'anchois • 2 tranches de pain rassis • 3 cuil. à soupe de câpres au vinaigre • 3 cuil. à soupe d'huile d'olive • Sel • Poivre

RÉALISATION

1 Laissez décongeler les cœurs d'artichaut, puis coupez-les en quatre. Lavez les poireaux et coupez-les en rondelles. Pelez et hachez les gousses d'ail. Faites chauffer l'huile dans une cocotte et ajoutez les légumes et l'ail.

2 Laissez cuire 5 min, puis versez de l'eau à hauteur. Salez, poivrez et laissez cuire à feu doux environ 30 min.

3 Pendant ce temps, faites durcir les œufs 10 min dans une casserole d'eau bouillante. Rafraîchissez-les, écalez-les et hachez-les grossièrement au couteau.

4 Coupez le pain en petits dés et faites-les dorer 3 à 4 min dans une poêle avec le beurre.

5 Hachez au couteau les filets d'anchois. Effeuillez et ciselez le persil. Mélangez-les avec les œufs hachés, les câpres égouttées et les croûtons de pain.

6 Mixez finement la soupe au mixeur plongeant ou au robot, rectifiez l'assaisonnement et parsemez-la de garniture au moment de servir.

POUR : *6 pers.*
PRÉPARATION : *40 min*
CUISSON : *1 h*

SOUPE PLAT

Soupe de poissons & fenouil

ASSEZ FACILE × ABORDABLE

INGRÉDIENTS

1,5 kg de poissons de roche • 4 tomates • 2 fenouils • 1 poireau • 1 oignon • 2 gousses d'ail • 5 cl de pastis • 5 cuil. à soupe d'huile d'olive • 3 brins de fenouil séché • 1 pincée de piment en poudre • 5 filaments de safran • Sel • Poivre

RÉALISATION

1 Lavez les poissons. Pelez et hachez l'oignon et l'ail. Émincez le poireau. Lavez les tomates et coupez-les en cubes.

2 Dans une cocotte avec 3 cuillerées à soupe d'huile, faites blondir l'ail et l'oignon pendant 5 min. Ajoutez les tomates et le poireau et poursuivez la cuisson 10 min. Ajoutez les poissons. Mélangez bien. Salez, poivrez et versez 1,5 l d'eau additionnée du safran. Ajoutez le pastis et le piment et laissez cuire environ 30 min.

3 Passez la soupe à travers la grille d'un moulin à légumes. Rectifiez l'assaisonnement.

4 Lavez les fenouils et coupez-les en 6 morceaux. Faites-les dorer dans l'huile restante 20 min en les retournant souvent.

5 Réchauffez la soupe, versez-la dans des assiettes creuses et répartissez les fenouils et les brins de fenouil séché. Dégustez avec des croûtons de pain et un peu de rouille si vous le souhaitez.

POUR : 4 pers.

PRÉPARATION : 20 min

CUISSON : 35 min

SOUPE PLAT

Crème de lentilles corail à la patate douce

FACILE × BON MARCHÉ

INGRÉDIENTS

1 patate douce • 300 g de lentilles corail • 1 noix de curcuma fraîche • 2 oignons • 1 cuil. à café de gingembre • 1 cuil. à café de curry • 25 cl de lait de coco • 2 cubes de bouillon de légumes • 5 cl d'huile d'olive • Sel • Poivre

RÉALISATION

1 Rincez les lentilles. Épluchez la patate douce et coupez-la en petits cubes. Épluchez 1 oignon et le curcuma, émincez-les. Dans une grande casserole, faites chauffer 3 cuillerées à soupe d'huile, ajoutez l'oignon et le curcuma et laissez blondir 3 min.

2 Ajoutez les légumes, mélangez bien. Diluez les cubes de bouillon dans 1 l d'eau chaude et versez le tout dans la casserole. Saupoudrez le tout avec le gingembre et le curry, donnez 4 tours de moulin à poivre, ajoutez le lait de coco et laissez cuire à petit feu 30 min. Salez et mixez fortement afin d'obtenir une consistance lisse.

3 Épluchez l'oignon restant et émincez-le le plus finement possible. Faites chauffer l'huile restante. Lorsqu'elle est très chaude, faites frire les oignons pour qu'ils soient bien dorés.

4 Servez la soupe dans des assiettes ou bols individuels et répartissez les oignons frits dessus.

CONSEIL

Vous pouvez ajouter 1 petit piment dans la soupe pour la relever un peu. Conservez aussi un peu de patate douce en cubes et ajoutez-les à la fin pour apporter de la matière à la soupe. Parsemez un peu de coriandre ciselée avant de la déguster.

POUR : *4 pers.*

PRÉPARATION : *30 min*

CUISSON : *40 min*

SOUPE PLAT

Soupe de tomate grillée, chips de comté

FACILE × BON MARCHÉ

INGRÉDIENTS

1,5 kg de tomates rondes bien mûres • 1 oignon • 6 gousses d'ail • 3 brins de thym • 150 g de comté • 10 cl d'huile d'olive • Sel • Poivre

RÉALISATION

1 Faites chauffer le barbecue. Lavez les tomates et coupez-les en deux. Pelez l'oignon et coupez-le en quatre. Écrasez les gousses d'ail pelées avec la lame d'un couteau. Posez les tomates, l'ail et l'oignon sur une grille, badigeonnez-les d'huile d'olive, parsemez de thym, salez, poivrez et laissez cuire environ 15 min en les retournant jusqu'à ce que la peau des tomates commence à brunir.

2 Mettez le tout dans une grande casserole et continuez la cuisson 25 min en remuant souvent. Mixez la soupe et passez-la au travers d'un tamis. Laissez-la refroidir.

3 Coupez des tranches fines de fromage et disposez-les sur une feuille de papier cuisson, elle-même placée sur une feuille d'aluminium. Posez le tout sur la grille du barbecue et laissez gratiner jusqu'à ce que les tranches fondent et dorent. Laissez-les refroidir.

4 Répartissez la soupe froide dans des bols et parsemez-les de chips de comté. Décorez de thym et proposez une focaccia au romarin en accompagnement.

POUR : *4 pers.*

PRÉPARATION : *45 min*

CUISSON : *45 min*

SOUPE PLAT

Crème de panais & carotte, émulsion suisse & cigare de chèvre

FACILE × BON MARCHÉ

INGRÉDIENTS

500 g de panais • 500 g de carottes • 1 cuil. à café de thym effeuillé • 50 cl de lait • 30 cl de crème liquide entière • 250 g de fromage de chèvre frais • 50 g de gruyère suisse • 30 g de beurre • 15 cl de bouillon de volaille • 2 feuilles de brick • 1 cuil. à soupe d'huile d'olive • Sel • Poivre

RÉALISATION

1 Pelez les panais et les carottes et coupez-les en rondelles. Faites-les cuire à la vapeur pendant environ 30 min. Passez-les au moulin à légumes.

2 Dans une grande casserole, faites chauffer le lait avec la moitié de la crème. Lorsque le mélange est bien chaud, ajoutez la purée de légumes et fouettez. Assaisonnez et réservez au chaud.

3 Dans un petit saladier, écrasez 200 g de fromage de chèvre à la fourchette avec l'huile. Ajoutez le thym, salez légèrement et poivrez.

4 Coupez les feuilles de brick en deux. Étalez la préparation au chèvre sur les 4 demi-feuilles. Roulez-les comme un petit cigare en prenant soin de replier les extrémités vers l'intérieur.

5 Préchauffez le four à 180°C. Posez les cigares sur une plaque recouverte de papier sulfurisé et enfournez pour 15 min en les retournant deux fois.

6 Faites chauffer le bouillon de volaille avec le reste de crème. Ajoutez le fromage de chèvre restant, le gruyère coupé en dés et le beurre. Laissez fondre le tout et émulsionnez l'ensemble au mixeur plongeant.

7 Répartissez la soupe dans des bols, déposez par-dessus un peu d'émulsion au fromage et accompagnez d'un petit cigare croustillant.

POUR : *6 pers.*
PRÉPARATION : *30 min*
CUISSON : *45 min*

SOUPE PLAT

Soupe crémeuse de poisson aux crevettes grises

FACILE × ABORDABLE

INGRÉDIENTS

250 g de lotte • 125 g de crevettes grises décortiquées • 2 quenelles de poisson • 1 carotte • 1 blanc de poireau • 1 branche de céleri • 2 échalotes • 2 gousses d'ail • 2 brins d'aneth • 20 cl de crème liquide entière • 30 g de beurre • 1 l de fumet de poisson • 50 cl de vin blanc sec • 2 cuil. à soupe de farine • 2 cuil. à soupe d'huile neutre • 1 cuil. à soupe de baies roses • Sel • Poivre

RÉALISATION

1 Pelez ou parez l'ail, les échalotes, le poireau, la carotte, le céleri. Hachez-les tous grossièrement dans le bol d'un robot.

2 Versez l'huile et le beurre dans une cocotte et faites revenir le hachis précédent 10 min. Ajoutez la farine, versez le vin et faites réduire de moitié sur feu moyen. Salez, poivrez, versez le fumet de poisson et poursuivez la cuisson 15 min.

3 Versez la crème, mélangez bien, laissez cuire encore 10 min et passez l'ensemble à travers un chinois, puis remettez dans la cocotte.

4 Coupez la lotte en petits morceaux et les quenelles en rondelles. Ajoutez les morceaux de lotte dans la soupe bien chaude, attendez 2 min, puis ajoutez les quenelles et les crevettes. Rectifiez l'assaisonnement.

5 Servez la soupe en veillant à répartir poisson, crevettes et quenelles dans chaque assiette. Ciselez l'aneth et parsemez-le avec les baies roses sur chacune. Vous pouvez décorer avec quelques crevettes grises non décortiquées si vous le souhaitez.

POUR :
4 pers.

PRÉPARATION :
15 min

CUISSON :
30 min

SOUPE PLAT

Crème de chou-fleur
& lentilles roses au curry

FACILE × BON MARCHÉ

INGRÉDIENTS

1 chou-fleur • 3 brins de coriandre • 2 cuil. à soupe de graines de fenouil • 1 citron (jus) • 150 g de lentilles roses • 4 cuil. à soupe d'huile d'olive • 2 cuil. à soupe de pâte de curry rouge • Sel • Poivre

RÉALISATION

1 Lavez le chou-fleur. Coupez un quart en petites fleurettes. Coupez le reste en petits morceaux. Préchauffez le four à 200°C. Répartissez les fleurettes sur une plaque de cuisson. Badigeonnez-les avec 2 cuillerées à soupe d'huile et parsemez-les de 1 cuillerée à soupe de graines de fenouil. Laissez dorer les fleurettes environ 15 min.

2 Faites chauffer l'huile restante dans une casserole. Ajoutez le reste des graines de fenouil, les lentilles passées sous l'eau et le chou-fleur en morceaux. Ajoutez la pâte de curry, mélangez bien et couvrez d'eau à hauteur. Laissez cuire environ 30 min jusqu'à ce que l'ensemble soit bien cuit en rajoutant de l'eau éventuellement.

3 Versez le contenu de la casserole dans le bol d'un robot et mixez fortement pour obtenir une consistance lisse. Salez, poivrez et versez le jus du citron. Mélangez encore. Versez les crèmes dans des assiettes creuses et parsemez chacune de graines de fenouil, de fleurettes de chou-fleur rôties, et de feuilles de coriandre.

POUR : *4 pers.*

PRÉPARATION : *15 min*

CUISSON : *17 min*

SOUPE PLAT

Velouté de petits pois au pesto de noix

FACILE × BON MARCHÉ

INGRÉDIENTS

1 kg de petits pois frais écossés • 2 cébettes • 1 bouquet de basilic • 2 petites gousses d'ail • 50 g de cerneaux de noix • 75 g de bleu de Bresse • 8 cl d'huile d'olive • 25 g de beurre • Sel • Poivre

RÉALISATION

1. Ciselez les cébettes et faites-les suer 2 min dans le beurre chaud. Ajoutez les petits pois, mélangez et versez de l'eau à hauteur des légumes. Faites cuire à feu moyen pendant 15 min. Renversez le tout dans un blender, salez et poivrez et mixez fortement de façon à obtenir un mélange velouté.
2. Préparez le pesto en faisant griller les noix 2 min dans une poêle à sec. Effeuillez le basilic. Placez-les dans le bol d'un mixeur, avec les gousses d'ail épluchées, les noix et l'huile. Salez, poivrez et mixez.
3. Versez la soupe chaude dans des petits tasses et déposez au centre une cuillerée de pesto et un peu de bleu de Bresse émietté.

CONSEIL

Les puristes préparent leur pesto dans un mortier en veillant à conserver un peu de matière. Si vous êtes pressé, utilisez des petits pois congelés.

POUR : *4 pers.*
PRÉPARATION : *45 min*
CUISSON : *25 min*

SOUPE PLAT

Soupe de betterave à la basquaise & chèvre pané à la noix de coco

FACILE × BON MARCHÉ

INGRÉDIENTS

600 g de betteraves rouges • ½ citron (jus) • 1 feuille de laurier • 200 g de raifort à la crème • 1 g de safran • Piment d'Espelette • Sel •
Pour les boules : 1 bûche de chèvre • 1 jaune d'œuf • Noix de coco râpée • Huile de friture

RÉALISATION

1 Pelez les betteraves, puis coupez-les en cubes.

2 Dans une casserole, placez les betteraves et le safran. Portez à ébullition, puis laissez cuire 20 min. Incorporez le raifort aux betteraves.

3 Hors du feu, avec un mixeur plongeant, mixez la soupe de betterave. Salez et assaisonnez avec une pincée de piment d'Espelette. Ajoutez le jus de citron et le laurier.

4 Remettez la soupe à chauffer sans laisser bouillir.

5 Avec une fourchette, écrasez le chèvre. Prélevez 1 cuillerée de fromage et formez de petites boules avec vos doigts.

6 Préparez la panure. Cassez l'œuf dans une assiette et fouettez-le. Mettez la noix de coco râpée dans une autre assiette.

7 Trempez chaque boule dans l'œuf, puis faites-les rouler dans la noix de coco pour les recouvrir complètement. Faites chauffer l'huile de friture dans une grande sauteuse. Quand l'huile est bien chaude, plongez-y les billes panées et laissez-les frire 1 min, en les retournant très délicatement.

8 Récupérez-les ensuite rapidement à l'aide d'une écumoire et déposez-les sur des feuilles d'essuie-tout pour les égoutter.

9 Répartissez la soupe de betterave chaude dans des assiettes individuelles et piquez les boules de fromage sur des brochettes. Servez l'ensemble bien chaud avec un peu de raifort.

Les soupes du monde

BORTSCH, SALMOREJO, WATERZOÏ...

POUR : *6 pers.*

PRÉPARATION : *30 min*

CUISSON : *1h45*

SOUPE DU MONDE

Bortsch

FACILE × BON MARCHÉ

INGRÉDIENTS

400 g de bœuf pour sauté • 3 betteraves crues • 3 carottes • 1 petit chou vert • 3 pommes de terre • 1 poireau • 1 oignon • 2 gousses d'ail • 1 boîte de tomates en dés de 250 g • 2 brins d'aneth • 4 cuil. à soupe d'huile • 1 l de bouillon de bœuf • 6 cuil. à soupe de crème fraîche • 30 g de beurre • Sel • Poivre

RÉALISATION

1 Coupez la viande en petits cubes. Pelez et émincez l'oignon, pelez et hachez l'ail. Faites-les blondir dans une cocotte avec du beurre et l'huile. Ajoutez la viande et poursuivez la cuisson 10 min.

2 Pendant ce temps, lavez et pelez les carottes et les betteraves. Émincez-les en julienne, ainsi que le poireau, en conservant la moitié d'une betterave. Émincez le chou. Pelez et coupez les pommes de terre en cubes.

3 Ajoutez tous les légumes, sauf les pommes de terre, puis le contenu de la boîte de tomates dans la cocotte. Versez le bouillon chaud. Salez, poivrez et faites cuire à petits bouillons pendant 1h30. Complétez avec un peu d'eau pour couvrir les légumes à hauteur.

4 Une demi-heure avant la fin de la cuisson, ajoutez les pommes de terre. Râpez la moitié de betterave crue. Répartissez la soupe dans des bols avec une quenelle de crème fraîche pour chacun. Rectifiez l'assaisonnement, décorez avec la betterave râpée et l'aneth ciselé.

BON À SAVOIR

Ajoutez à cette soupe traditionnelle, des navets, du chou rouge, du céleri boule ou en branche.

POUR : *6 pers.*

PRÉPARATION : *30 min*

RÉFRIGÉRATION : *12 h*

CUISSON : *10 min*

SOUPE DU MONDE

Salmorejo

FACILE × BON MARCHÉ

INGRÉDIENTS

200 g de très fines tranches de jambon Serrano • 1,5 kg de tomates mûres • 300 g de pain rassis • 3 œufs • 1 gousse d'ail • 6 cuil. à soupe de vinaigre (de Xérès de préférence) • 20 cl d'huile d'olive • Sel • Poivre

RÉALISATION

1. Ébouillantez les tomates 20 s pour les peler facilement. Coupez-les en deux, épépinez-les un peu et détaillez la chair en cubes. Mettez-les dans une jatte.
2. Pelez et hachez la gousse d'ail. Hachez ou émiettez grossièrement le pain rassis. Ajoutez-le dans la jatte de tomates, avec l'ail, le vinaigre et la moitié de l'huile. Mélangez, couvrez hermétiquement la jatte et laissez reposer 12 h au frais.
3. Passé ce temps, faites durcir les œufs 10 min dans de l'eau bouillante salée (le sel facilite « l'écalage »), puis rafraîchissez-les sous l'eau froide. Écalez-les et hachez-les au couteau. Détaillez le jambon en fines lamelles.
4. Sortez la jatte du réfrigérateur, salez, poivrez et mixez le salmorejo (au mixeur-plongeant ou au blender) en incorporant peu à peu le reste de l'huile d'olive pour obtenir une préparation épaisse et crémeuse.
5. Répartissez-la dans des coupelles, parsemez d'œufs durs hachés et de lamelles de jambon, servez frais.

TOMATE
ROI HUMBERT

POUR : 4 pers.

PRÉPARATION : 15 min

CUISSON : 45 min

SOUPE DU MONDE

Soupe comme une chorba sans viande

FACILE × BON MARCHÉ

INGRÉDIENTS

200 g de lentilles vertes • 150 g de riz blanc • 1 poireau • 1 carotte • 2 poignées d'épinard • 1 oignon jaune • 1 gousse d'ail • 1 noix de curcuma • 1 cuil. à café de cumin • 2 brins de coriandre • 4 pincées de graines de fenouil • 2 cuil. à soupe d'huile d'olive • 1 l de bouillon de légumes • Sel • Poivre

RÉALISATION

1 Épluchez le curcuma, l'ail et l'oignon et hachez-les grossièrement. Faites-les revenir dans l'huile d'olive dans une casserole. Épluchez la carotte et le poireau, coupez-les en quatre dans le sens de la longueur et émincez-les. Au bout de 3 min, ajoutez-les dans la casserole.

2 Ébouillantez 3 min les lentilles dans une grande quantité d'eau bouillante et passez-les sous l'eau froide.

3 Ajoutez le riz et les lentilles dans la casserole et couvrez avec le bouillon de légumes. Laissez cuire à petit feu au moins 40 min en rajoutant de l'eau, car les féculents vont en absorber pas mal. L'ensemble doit restez assez liquide. Salez et poivrez à la fin.

4 Lavez les épinards, équeutez-les et déchirez les feuilles entre vos mains. Ajoutez-les dans la casserole 3 min avant la fin de la cuisson. Salez, poivrez, ajoutez le cumin, répartissez dans de petits bols, ajoutez la coriandre ciselée et les graines de fenouil.

POUR : *4 pers.*

PRÉPARATION : *30 min*

CUISSON : *15 min*

SOUPE DU MONDE

Soupe malaisienne *aux crevettes*

ASSEZ FACILE × ABORDABLE

INGRÉDIENTS

11 à 13 crevettes • 300 g de mini-épis de maïs • 1 carotte • 1 cébette • 2 gousses d'ail • 2 tiges de citronnelle • 2 brins de basilic • 1 noix de gingembre frais • 1 noisette de curcuma frais • 1 petit piment • 1 citron • 1 l de lait de coco • 200 g de vermicelles de riz • 1 cuil. à soupe de pâte de crevettes • 3 cuil. à soupe de crevettes séchées • 3 cuil. à soupe d'huile neutre • Sel • Sucre

RÉALISATION

1 Pelez les gousses d'ail, le gingembre, le curcuma. Ôtez l'écorce de la citronnelle. Placez ces ingrédients avec la cébette, le piment, la pâte de crevettes dans le bol d'un mixeur et faites tourner pour obtenir une texture crémeuse. Réhydratez les crevettes séchées dans un peu d'eau. Égouttez-les et mixez le tout.

2 Pelez et coupez la carotte en rondelles, rincez les mini-épis de maïs.

3 Faites chauffer l'huile dans une grande sauteuse et ajoutez la pâte d'épices. Laissez cuire 5 min et versez le lait de coco. Laissez-le chauffer et ajoutez les carottes, les crevettes décortiquées, un peu de sel et un peu de sucre. Laissez cuire encore 8 min. Ajoutez les épis 1 min avant la fin de la cuisson.

4 Faites cuire les vermicelles 30 s dans une casserole d'eau bouillante et égouttez-les. Ciselez le basilic.

5 Répartissez les vermicelles dans 4 bols, versez la soupe par-dessus et ajoutez le basilic. Pressez un peu de jus de citron dans la soupe juste avant de la déguster.

POUR : *6 pers.*

PRÉPARATION : *20 min*

CUISSON : *45 min*

SOUPE DU MONDE

Soupe suisse au gruyère

FACILE × BON MARCHÉ

INGRÉDIENTS

200 g de gruyère suisse • 4 poireaux • 2 navets • 2 branches de céleri • 800 g de pommes de terre • 30 cl de lait entier • 80 g de beurre • 2 tablettes de bouillon de légumes • ½ baguette • Sel • Poivre

RÉALISATION

1 Épluchez tous les légumes. Éliminez les deux tiers du vert des poireaux, coupez-les en grosses rondelles. Coupez les pommes de terre, les navets et le céleri en rondelles.

2 Dans un faitout, faites revenir poireaux, navets et céleri dans 40 g de beurre, puis couvrez et laissez à feu doux 15 min.

3 Ajoutez alors les pommes de terre, 1,8 l d'eau et les tablettes de bouillon, salez et poivrez. Laissez frémir 15 min. Ajoutez alors le lait et poursuivez la cuisson 15 min.

4 Pendant ce temps, coupez la baguette en fines rondelles. Faites-les dorer à la poêle dans le reste de beurre bien chaud.

5 Au moment de servir, coupez le gruyère en fines lamelles. Disposez les croûtons de pain frit dans des bols, recouvrez-les de lamelles de fromage et versez dessus la soupe bien chaude. Servez aussitôt.

POUR : *4 pers.*

PRÉPARATION : *20 min*

CUISSON : *30 min*

Soupe chinoise

FACILE × UN PEU CHER

INGRÉDIENTS

350 g de grains de maïs (en boîte) • 250 g de crabe (pattes et morceaux, en boîte ou surgelé) • 40 g de gingembre frais • 2 oignons frais • 2 blancs d'œufs • 2 cuil. à café de Maïzena • 2 tablettes de bouillon de volaille • 1 cuil. à soupe de vinaigre de riz • 1 cuil. à café de sucre • 1 cuil. à soupe de sauce soja claire • 1 cuil. à café d'huile de sésame • Sel • Poivre blanc

RÉALISATION

1. Dans un bol, mélangez les blancs d'œufs et l'huile de sésame. Réservez. Pelez le gingembre et râpez-le.

2. Dans un faitout, portez 1,2 l d'eau à ébullition avec les tablettes de bouillon. Plongez-y le maïs. Laissez frémir 15 min à découvert. Ajoutez alors le vinaigre, la sauce soja, le gingembre et le sucre.

3. Diluez la Maïzena dans 2 cuillerées à soupe d'eau froide et versez dans le faitout. Salez et poivrez. Faites bouillir le tout avant de baisser le feu.

4. Lorsque le liquide frémit de nouveau, incorporez le crabe, puis versez doucement le mélange blancs-huile en remuant.

5. Pelez et émincez les oignons. Versez la soupe bien chaude dans des bols et garnissez d'oignons.

POUR : *6 pers.*

PRÉPARATION : *20 min*

CUISSON : *30 min*

SOUPE DU MONDE

Waterzoï de poisson à la flamande

UN PEU DÉLICAT × ABORDABLE

INGRÉDIENTS

6 pavés de cabillaud (700 g environ) • 6 pavés de saumon (700 g environ) • 3 branches de céleri • 2 blancs de poireau • 3 biscottes • 2 cuil. à soupe de fumet de poisson (en poudre) • 1 bouquet garni • 4 feuilles de sauge • 25 cl de crème épaisse • 1 cuil. à soupe de jus de citron • 50 g de beurre • Sel • Poivre

RÉALISATION

1 Délayez le fumet dans un 1,2 l d'eau chaude. Écrasez les biscottes. Coupez les pavés de poisson en gros cubes. Effilez et émincez le céleri, lavez les blancs de poireau, coupez-les en rondelles.

2 Dans une cocotte, mettez le poireau, le céleri, la sauge et le bouquet garni. Posez dessus les morceaux de poisson. Versez le fumet pour qu'il recouvre juste le poisson. Ajoutez le beurre en dés. Portez le tout à ébullition, puis baissez le feu, couvrez et laissez mijoter 10 min.

3 Passé ce temps, égouttez les morceaux de poisson à l'écumoire et réservez-les au chaud. Versez dans la cocotte la crème fraîche, le jus de citron et les biscottes, faites réduire sur feu vif. Poivrez et salez peu (le court-bouillon est déjà salé). Dès que la sauce devient onctueuse, remettez les morceaux de poisson dans la cocotte. Servez bien chaud.

POUR : *4 pers.*

PRÉPARATION : *20 min (la veille)*

CUISSON : *45 min*

REPOS : *20min*

SOUPE DU MONDE

Minestrone de légumes aux châtaignes

FACILE × BON MARCHÉ

INGRÉDIENTS

250 g de châtaignes au naturel • 4 feuilles de chou frisé • 2 carottes • 8 champignons de Paris • 1 échalote • 1 gousse d'ail • 200 g de pois chiches • 200 g de petit épeautre • 1,5 l de bouillon de légumes • Huile • Sel • Poivre

RÉALISATION

1 La veille, faites tremper les pois chiches dans un saladier d'eau froide.

2 Le jour même, mettez le petit épeautre à tremper dans un autre saladier pendant 20 min. Faites cuire les pois chiches 30 min dans une casserole d'eau bouillante.

3 Épluchez et hachez l'ail et l'échalote. Épluchez les carottes et coupez-les en brunoise. Lavez les champignons et coupez-les en lamelles. Faites chauffer l'huile dans une cocotte et faites revenir ail et échalote pendant 3 min, ajoutez les champignons et continuez la cuisson 5 min. Enfin, ajoutez les carottes et laissez cuire encore 5 min.

4 Enlevez les côtes des feuilles de chou et coupez-les en fines lanières. Égouttez le petit épeautre et ajoutez-le dans la cocotte et versez le bouillon chaud dessus. Salez et poivrez. Laissez cuire 20 min, puis ajoutez les feuilles de chou, les pois chiches et les châtaignes. Continuez la cuisson encore 10 min. Servez la soupe bien chaude dans des assiettes à soupe.

SOUPE DU MONDE

POUR : *4 pers.*

PRÉPARATION : *20 min*

CUISSON : *25 min*

Soupe thaïe
à la truite

FACILE × BON MARCHÉ

INGRÉDIENTS

3 filets de truite • 50 cl de lait de coco • 1 oignon rouge • 1 échalote • 1 piment vert • 1 citron vert • 40 cl de bouillon de légumes • 1 tige de citronnelle • 1 noix de gingembre frais • 1 cuil. à soupe de curcuma • 1 cuil. à café de mélange de curry • 10 feuilles de coriandre • 2 cuil. à soupe d'huile d'olive • 1 cuil. à soupe de sauce nuoc-mâm

RÉALISATION

1 Pelez l'oignon et l'échalote. Hachez-les. Versez l'huile dans une casserole et faites-les blondir pendant 5 min. Pelez le gingembre et hachez-le. Ôtez la première écorce de la citronnelle et ciselez-la finement. Ajoutez-les dans la casserole avec les tiges de la coriandre. Continuez la cuisson 5 min, saupoudrez avec le curcuma, le curry et versez le lait de coco et le bouillon de légumes.

2 Laissez cuire 10 min. Prélevez les zestes et le jus du citron. Coupez le piment en très fines lamelles. Rincez les filets de truite et coupez-les en tronçons de 3 cm.

3 Filtrez la soupe à travers une passoire et remettez-la sur le feu. Ajoutez le jus de citron, le nuoc-mâm, le piment. Lorsque la soupe est bien chaude, ajoutez les lamelles de poisson et faites-les pocher 3 min.

4 Servez la soupe dans des bols ou assiettes creuses et parsemez-la avec les zestes de citron et la coriandre ciselée.

POUR :
4 pers.

PRÉPARATION :
15 min

CUISSON :
25 min

SOUPE DU MONDE

Vichyssoise glacée

FACILE × BON MARCHÉ

INGRÉDIENTS

8 fines tranches de speck • 800 g de jeunes poireaux • 800 g de pommes de terre nouvelles • 25 g de beurre • 2 cuil. à soupe de crème épaisse • 4 cubes de bouillon de volaille bio • 4 cuil. à soupe de pignons de pin • Noix de muscade • Sel • Poivre du moulin

RÉALISATION

1 Préchauffez le four à 150°C, éparpillez les pignons en une seule couche dans un plat à four. Faites-les torréfier pendant 10 min. Réservez.

2 Portez à ébullition 2 l d'eau avec les cubes de bouillon. Pelez les pommes de terre et coupez-les en dés, puis plongez-les dans le bouillon, laissez cuire 10 à 12 min. Elles doivent être bien tendres.

3 Parez et nettoyez les poireaux, ôtez l'extrémité de la partie la plus verte et émincez-les. Faites-les suer dans une sauteuse avec le beurre pendant 10 min environ à feu moyen en remuant. Assaisonnez-les et ajoutez un peu de noix de muscade râpée.

4 Récupérez les pommes de terre avec une écumoire et mettez-les dans le bol d'un robot avec les poireaux fondants. Ajoutez la crème, un peu de bouillon et mixez jusqu'à obtenir un velouté fluide mais encore dense et bien lisse. Ajoutez si besoin un peu plus de bouillon. Rectifiez l'assaisonnement ; réservez et placez au frais jusqu'au moment de servir.

5 Au dernier moment, préchauffez le gril du four et rangez bien à plat les tranches de speck sur une plaque à four couverte de papier cuisson. Enfournez pour 2 min jusqu'à ce que le speck soit bien grillé et croustillant.

6 Servez la vichyssoise fraîche dans des bols ; garnissez de pignons et de chips de speck bien chaudes.

POUR : *4 pers.*

PRÉPARATION : *25 min*

CUISSON : *35 min*

SOUPE DU MONDE

Soupe à la norvégienne
au lait & aux coquillages

FACILE × ABORDABLE

INGRÉDIENTS

Une vingtaine de gambas cuites • 250 g de cabillaud • 0,5 l de moules • 2 carottes • 2 pommes de terre • 1 poireau • ½ chou-fleur • 1 échalote • 75 cl de bouillon de poisson • 30 cl de lait • 10 cl de vin blanc sec • 2 cuil. à soupe de farine • 50 g de beurre • Sel • Poivre

RÉALISATION

1 Lavez et grattez les moules. Pelez et hachez l'échalote. Faites-la blondir 2 min dans 25 g de beurre dans une cocotte et ajoutez les moules. Versez le vin blanc et continuez la cuisson jusqu'à ce que les coquillages s'ouvrent. Ôtez les moules des coquilles et mettez-les dans un petit bol. Passez le jus de cuisson au-dessus d'une passette.

2 Pelez les carottes et émincez-les. Pelez les pommes de terre et coupez-les en cubes. Lavez et émincez le poireau en conservant un peu de vert. Faites cuire le chou-fleur séparé en bouquets 5 min à l'eau bouillante.

3 Faites fondre le beurre restant dans une cocotte et ajoutez le poireau. Attendez 3 min avant d'ajouter les carottes et les pommes de terre, puis le chou-fleur.

4 Singez avec la farine, mélangez bien et attendez 2 min avant de verser le bouillon, le lait et le jus de cuisson des moules. Salez, poivrez et laissez cuire environ 15 min jusqu'à ce que les légumes soient tendres.

5 Ajoutez le poisson, puis les gambas et les moules et continuez la cuisson 3 min. Répartissez dans des assiettes creuses et servez bien chaud.

Les soupes réconfort

CRÈME, VELOUTÉ, SOUPE...

POUR : *4 pers.*

PRÉPARATION : *20 min*

CUISSON : *25 min*

SOUPE RÉCONFORT

Crème de panais rôti, lard fumé & croûtons de campagne

FACILE × BON MARCHÉ

INGRÉDIENTS

Pour la crème : 50 g de lard fumé • 800 g de panais • 30 g de beurre • 60 cl de lait • 10 cl de crème • 1 échalote • 1 branche de thym • 1 feuille de laurier • **Pour la garniture** : 80 g de lardons fumés • 1 belle tranche de pain de campagne • 1 gousse d'ail • Sel • Poivre

RÉALISATION

1 Épluchez les panais et coupez-les en dés. Épluchez et émincez l'échalote. Coupez grossièrement le lard. Faites fondre le beurre, ajoutez l'échalote et le lard, faites cuire quelques minutes, puis ajoutez les panais. Faites revenir pendant 10 min à feu moyen jusqu'à ce que les panais commencent à dorer. Versez le lait, ajoutez une pincée de poivre, le thym, le laurier et poursuivez la cuisson 10 min.

2 Pendant ce temps, faites cuire les lardons dans une poêle bien chaude jusqu'à ce qu'ils soient croustillants. Ouvrez une gousse d'ail avec un couteau. Frottez le pain avec la gousse d'ail, coupez-le en gros dés, gardez un peu de matière grasse extraite des lardons dans la poêle et faites dorer les croûtons à feu moyen.

3 Lorsque la soupe est cuite, mixez-la, et filtrez-la si vous le souhaitez. Mélangez avec la crème, salez et poivrez. Servez avec les croûtons de pain et quelques lardons frits.

POUR :
6 pers.

PRÉPARATION :
15 min

CUISSON :
25 min

Velouté d'amandes

FACILE × BON MARCHÉ

INGRÉDIENTS

150 g d'amandes entières émondées • 1 oignon • 5 gousses d'ail • 50 cl de lait • 50 cl de bouillon de volaille • 4 tranches de pain de campagne sans la croûte • 3 cuil. à soupe d'huile d'olive • 4 brins de ciboulette • Sel • Poivre

RÉALISATION

1 Placez les gousses d'ail entières et avec leur peau dans le four préchauffé à 180°C pendant 15 min. Récupérez leur pulpe. Pendant ce temps, pelez et émincez l'oignon.

2 Mixez rapidement la mie de pain. Faites chauffer l'huile dans une grande casserole et laissez l'oignon blondir 3 min. Réservez quelques amandes pour le dressage et ajoutez le reste, le pain, la pulpe de l'ail. Mélangez bien et versez le lait et le bouillon. Salez et poivrez et laissez cuire à feu doux environ 10 min. Mixez soigneusement et décorez de brins de ciboulette.

3 Faites griller les amandes restantes avec quelques cubes de pain. Parsemez sur la soupe juste avant de la servir.

POUR : *4 pers.*

PRÉPARATION : *15 min*

CUISSON : *30 min*

Velouté d'endive au curry

FACILE × BON MARCHÉ

INGRÉDIENTS

500 g d'endives • 1 oignon jaune • 3 pommes de terre à chair farineuse • 1 l de lait entier • 10 cl de crème liquide • 30 g de beurre • 1 cuil. à soupe de poudre de curry • 1 cuil. à soupe de paprika • Sel • Poivre

RÉALISATION

1 Pelez et hachez l'oignon. Pelez les pommes de terre et coupez-les en cubes. Lavez les endives et coupez-les en rondelles en supprimant le pied.

2 Faites chauffer le beurre dans une grande cocotte et faites dorer l'oignon pendant 3 min, ajoutez les pommes de terre, attendez 2 min et versez le lait. Continuez la cuisson et au bout de 10 min, ajoutez les endives. Complétez avec un peu d'eau pour recouvrir les légumes.

3 Laissez cuire encore 15 min, ajoutez la crème et le curry. Salez, poivrez et versez les légumes dans le bol d'un blender avec la moitié du lait et mixez fortement. Ajustez la quantité de liquide au fur et à mesure pour obtenir un aspect velouté.

4 Servez le velouté dans des bols et saupoudrez avec un peu de paprika.

POUR : *6 pers.*
PRÉPARATION : *15 min*
CUISSON : *30 min*

Velouté de feuilles & d'herbes

FACILE × BON MARCHÉ

INGRÉDIENTS

1 kg d'épinards frais • Les premières feuilles d'une laitue • 1 poireau • 2 cébettes • 1 botte de persil • 15 cl de crème liquide • 125 g de gorgonzola • 4 cuil. à café de graines (courge, tournesol...) • 1 cuil. à soupe d'huile • Sel • Poivre

RÉALISATION

1 Rincez les feuilles d'épinards, de laitue et le persil. Lavez et émincez le poireau. Ciselez les cébettes. Dans une grande casserole, faites blondir 5 min le poireau et les cébettes dans l'huile. Ajoutez les épinards et la laitue, mélangez et couvrez d'eau à hauteur. Salez, poivrez et faites cuire à couvert 20 min.

2 Faites chauffer la crème et ajoutez le fromage coupé en petits morceaux. Laissez cuire 3 min, juste le temps que le fromage fonde. Donnez un petit coup de fouet.

3 Mixez fortement la soupe pour obtenir une consistance bien lisse. Rectifiez l'assaisonnement. Répartissez-la dans des bols ou des assiettes creuses et ajoutez la crème au fromage et quelques graines. Dégustez aussitôt.

CONSEIL

Ne faites pas trop cuire le velouté pour lui conserver sa couleur. Vous pouvez remplacer le gorgonzola par du roquefort ou tout autre fromage à pâte persillée.

POUR : *6 pers.*

PRÉPARATION : *20 min*

CUISSON : *45 min*

Soupe de courge & patate douce au lait de coco

FACILE × BON MARCHÉ

INGRÉDIENTS

500 g de courge • 500 g de patates douces • 1 oignon rouge • 1 citron vert bio (zestes) • 3 cm de gingembre frais • 1 tige de citronnelle • 50 cl de lait de coco • 50 cl de bouillon de volaille • 50 g de copeaux de noix de coco toastés • 1 cuil. à soupe d'huile de noix de coco vierge • 1 cuil. à café de curcuma • 1 cuil. à café de paprika • Sel • Poivre

RÉALISATION

1 Pelez l'oignon et le gingembre. Émincez la citronnelle. Pelez la courge et les patates douces et coupez-les en gros cubes. Lavez le citron.

2 Dans une cocotte, faites blondir 5 min l'oignon, le gingembre et la citronnelle avec l'huile de coco. Ajoutez les cubes de légumes. Versez le lait de coco et le bouillon de volaille, parfumez d'épices, salez, poivrez et laissez mijoter 40 min. Mixez finement au mixeur plongeant ou au robot.

3 Répartissez la soupe dans des bols, parsemez de copeaux de noix de coco toastés et zestez le citron vert par-dessus juste avant de servir.

POUR : *6 pers.*
PRÉPARATION : *25 min*
CUISSON : *40 min*

Velouté bicolore
panais-brocoli au beaufort

FACILE × BON MARCHÉ

INGRÉDIENTS

400 g de panais • 400 g de brocoli • 50 cl de lait ribot • 300 g de beaufort • 60 g de beurre • 25 cl de crème liquide • 30 g de graines de sarrasin grillé • Sel • Poivre

RÉALISATION

1 Préparez le velouté de panais. Épluchez les panais et taillez-les en rondelles. Râpez le fromage. Faites mousser 20 g de beurre dans une casserole. Ajoutez les rondelles de panais, et enrobez-les bien de beurre. Salez et poivrez. Versez 30 cl d'eau et la crème. Portez à ébullition, baissez le feu, faites frémir pendant 20 min environ.

2 Ajoutez 200 g de beaufort râpé et mélangez. Mixez le velouté à l'aide d'un blender ou d'un mixeur plongeant, jusqu'à ce qu'il soit lisse. Réservez au chaud.

3 Préparez le beurre noisette. Faites fondre 30 g de beurre. Portez à ébullition. Lorsque le beurre ne crépite plus et prend une belle couleur noisette, filtrez-le à travers une fine passoire ou une étamine et réservez.

4 Préparez le velouté de brocoli. Lavez le brocoli, détachez ses bouquets. Faites mousser 10 g de beurre dans une casserole. Ajoutez le brocoli, mélangez, salez et poivrez. Ajoutez le lait ribot, portez à ébullition, baissez le feu et faites frémir pendant 20 min environ. Transférez le brocoli dans un blender et mixez-le. Mouillez avec le lait de cuisson au fur et à mesure afin d'obtenir une bonne texture onctueuse. Goûtez et rectifiez l'assaisonnement.

5 Dressez les 2 veloutés dans une assiette creuse, un de chaque côté. Décorez le côté panais avec quelques gouttes de beurre noisette et le côté brocoli avec le reste de beaufort râpé. Parsemez de graines de sarrasin grillées et terminez par un tour de moulin à poivre.

POUR :
4 pers.

PRÉPARATION :
20 min

CUISSON :
30 min

SOUPE RÉCONFORT

Velouté de panais,
salades amères

FACILE × BON MARCHÉ

INGRÉDIENTS

500 g de panais • 125 g de macédoine de fruits confits mélangés • 2 endives rouges • 1 cœur de trévise • 1 poignée de salade frisée • 1 échalote • 50 g de beurre • ½ l de lait • 5 cl de crème liquide • 3 cuil. à soupe d'huile de noix • 1 cuil. à soupe de vinaigre de Xérès
Pour la décoration : Quelques pousses de radis • Moutarde • Sel • Poivre

RÉALISATION

1 Épluchez les panais et coupez-les en rondelles. Faites chauffer le lait dans une casserole et ajoutez les panais, versez un peu d'eau pour les couvrir, salez, poivrez et laissez cuire 30 min. Retirez et réservez un peu de liquide de cuisson pour ajuster la consistance. Égouttez et mixez les panais, le beurre et la crème avec le liquide de cuisson afin d'obtenir une consistance lisse et crémeuse. Gardez au chaud.

2 Lavez les endives et les salades. Détachez les feuilles des endives et émincez la trévise, puis mélangez. Versez l'huile et le vinaigre, salez, poivrez et mélangez-les.

3 Ajoutez la macédoine de fruits confits dans la soupe répartie dans 4 assiettes creuses, puis les salades. Juste avant de déguster, mélangez quelques pousses de radis avec de la moutarde pour la décoration.

POUR : *4 pers.*

PRÉPARATION : *20 min*

CUISSON : *30 min*

Velouté de chou-fleur au curry

FACILE × BON MARCHÉ

INGRÉDIENTS

1 chou-fleur • 3 poireaux • 50 g de graines de courge • 2 cuil. à soupe de poudre de curry • 40 g de farine • 50 g de beurre • 2 cuil. à soupe d'huile d'olive • 10 cl de crème liquide • Sel • Poivre

RÉALISATION

1 Lavez le chou-fleur et séparez-le en fleurettes en conservant quelques sommités. Lavez les poireaux, coupez-les pour ne garder que le blanc. Émincez-les.

2 Faites chauffer l'huile dans une grande casserole et mettez les poireaux à blondir. Au bout de 5 min, ajoutez les fleurettes de chou-fleur. Poudrez avec le curry et attendez 1 min pour couvrir le tout avec de l'eau. Salez, poivrez et faites cuire 20 min.

3 Faites fondre le beurre dans une casserole et ajoutez la farine pour faire un roux. Versez 3 louches de bouillon de cuisson en les versant au fur et à mesure, sans cesser de fouetter, pour que le mélange épaississe. Laissez cuire 5 min.

4 Versez les légumes et le bouillon restant dans le bol d'un blender et ajoutez la béchamel. Mixez fortement. Rectifiez l'assaisonnement et incorporez la crème. Faites dorer 2 min à sec les graines de courge dans une poêle. Versez le velouté dans des assiettes creuses et parsemez avec les sommités de chou-fleur cru et les graines de courge.

CONSEIL

Servez les veloutés chauds ou froids. Vous pouvez ajouter des fruits secs comme des noisettes hachées ou quelques raisins secs, juste au moment de servir.

Les soupes originales

FRUITS DE LA PASSION, CAFÉ, FOIE GRAS...

POUR :
4 pers.

PRÉPARATION :
20 min

CUISSON :
38 min

SOUPE ORIGINALE

Velouté de carotte
aux fruits de la passion

FACILE × BON MARCHÉ

INGRÉDIENTS

2 bottes de carottes • 2 fruits de la passion • 1 orange • 1 oignon • 1 noix de gingembre • 20 cl de crème liquide • 2 cuil. à soupe de mascarpone • 2 brins de coriandre • 3 cuil. à soupe d'huile d'olive • 1 cuil. à soupe d'eau de fleur d'oranger • Sel • Poivre

RÉALISATION

1 Pelez les carottes et coupez-les en rondelles. Pelez et hachez l'oignon et le gingembre. Faites-les blondir 3 min dans l'huile dans une grande casserole. Ajoutez les carottes et couvrez à hauteur avec de l'eau. Prélevez les zestes de l'orange, réservez-les, puis ajoutez son jus dans la casserole. Salez, poivrez et laissez cuire 35 min.

2 Fouettez la crème froide avec le mascarpone jusqu'à ce que le mélange forme des pics. Ajoutez la pulpe des fruits de la passion, les zestes de l'orange hachés et l'eau de fleur d'oranger. Salez, poivrez.

3 Mixez la soupe très fortement avec la crème liquide pour obtenir une consistance veloutée. Répartissez-la dans des assiettes à soupe, ajoutez la crème aux fruits de la passion au-dessus et les brins de coriandre.

CONSEIL

Rajoutez de l'eau ou du bouillon de légumes si le liquide s'évapore trop en cours de cuisson.

Préparez cette soupe avec des carottes jeunes, elle n'en sera que meilleure.

POUR : *4 pers.*
PRÉPARATION : *20 min*
CUISSON : *20 min*

SOUPE ORIGINALE

Velouté de butternut aux moules

FACILE × BON MARCHÉ

INGRÉDIENTS

1 petite courge butternut • 1 l de moules de bouchot • 2 échalotes • 1 oignon • 10 cl de crème épaisse • 1 tablette de bouillon de volaille • 10 cl de vin blanc sec • 1 brin de thym • 1 cuil. à soupe d'huile d'olive • 1 pincée de gingembre • Sel • Poivre

RÉALISATION

1 Pelez et hachez les échalotes et l'oignon. Faites-les revenir à feu doux dans une cocotte avec l'huile. Ajoutez ensuite les moules, le thym et le vin. Salez, poivrez, mélangez et couvrez la cocotte. Portez sur feu vif 5 min en secouant le faitout de temps en temps pour bien répartir la chaleur.

2 Une fois toutes les moules ouvertes, égouttez-les et filtrez leur jus de cuisson.

3 Pelez le butternut, éliminez les graines et coupez la chair en cubes. Mettez-les dans une cocotte avec la tablette de bouillon émiettée et le jus des moules filtré. Complétez avec de l'eau chaude pour qu'il y ait 1 cm de liquide au-dessus de la courge. Salez, poivrez, parfumez de gingembre. Mélangez et laissez frémir pendant 15 min.

4 Versez la crème dans la cocotte et mixez pour obtenir un velouté. Répartissez le velouté dans des bols de service, ajoutez les moules (décoquillées ou non) et servez aussitôt.

POUR : *4 pers.*

PRÉPARATION : *20 min (la veille)*

CUISSON : *12 min*

SOUPE ORIGINALE

Soupe de courgettes
à l'ail & aux amandes

FACILE × BON MARCHÉ

INGRÉDIENTS

6 courgettes • 1 tête d'ail • 1 l de boisson végétale d'amande • 50 g d'amandes effilées • 10 cl d'huile d'olive • 1 brin de menthe • Sel • Poivre

RÉALISATION

1 Lavez les courgettes, coupez les extrémités et taillez-les en rondelles. Pelez et hachez 2 gousses d'ail après les avoir dégermées.

2 Faites chauffer 3 cuillerées à soupe d'huile dans une casserole et ajoutez les gousses d'ail puis, 2 min après, les courgettes. Attendez 5 min, puis versez la boisson d'amande. Continuez la cuisson 5 min. Versez-la dans le bol d'un blender, ajoutez une poignée de glaçons et mixez fortement afin d'obtenir un mélange bien lisse. Laissez refroidir au frais.

3 Pendant ce temps, épluchez les autres gousses d'ail et formez des pétales à l'aide d'un couteau économe.

4 Versez l'huile restante dans une petite casserole et faites frire les pétales pendant 1 min. Égouttez sur une feuille de papier absorbant.

5 Faites dorer les amandes à sec dans une poêle pendant 2-3 min jusqu'à ce qu'elles soient dorées. Répartissez la soupe bien froide dans des assiettes creuses. Assaisonnez, parsemez avec les pétales d'ail et les amandes, décorez avec les feuilles de menthe.

POUR : *6 pers.*

PRÉPARATION : *15 min*

CUISSON : *45 min*

SOUPE ORIGINALE

Velouté de châtaigne au café

FACILE × BON MARCHÉ

INGRÉDIENTS

50 g de lard fumé • 800 g de châtaignes sous vide ou congelées • 4 noix entières • 2 blancs d'œufs • 1 l de lait • 30 g de beurre • 2 cuil. à soupe de café en poudre • Sel • Poivre

RÉALISATION

1 Versez le lait dans une grande casserole, salez-le et ajoutez les châtaignes. Laissez-les cuire à petit feu à 30 min, selon qu'elles sont sous vide ou congelées.

2 Pendant ce temps, coupez le lard en petits cubes. Faites-les saisir dans une poêle à sec pendant 3 min. Laissez de côté. Cassez les noix, récupérez les cerneaux et hachez-les grossièrement.

3 Montez les blancs en neige très ferme avec une pincée de sel. Formez des petites quenelles à l'aide d'une cuillère et faites-les pocher au fur et à mesure dans une casserole d'eau frémissante en les retournant une fois. Réservez sur une feuille de papier absorbant.

4 Ajoutez le beurre et le café dans la casserole des châtaignes. Salez, poivrez et mixez fortement pour obtenir une consistance épaisse. Répartissez le velouté dans des assiettes creuses, posez dessus 2 petites quenelles de blanc d'œufs, un peu de lard et des noix concassées.

CONSEIL

Vous pouvez saupoudrer chaque velouté avec un peu de poudre de café juste avant de les servir.

POUR : *4 pers.*
PRÉPARATION : *15 min*
CUISSON : *20 min*

SOUPE ORIGINALE

Velouté de persil au parmesan

FACILE × BON MARCHÉ

INGRÉDIENTS

2 gros bouquets de persil plat • 250 g de pommes de terre farineuses (type Bintje) • 2 tablettes de bouillon de légumes • 80 g de parmesan • 20 cl de crème liquide • Sel • Poivre du moulin

RÉALISATION

1 Effeuillez le persil, faites un bouquet avec les tiges, maintenez-le avec du fil de cuisine. Épluchez et lavez les pommes de terre, coupez-les en cubes, mettez-les dans une casserole. Ajoutez les feuilles de persil, le bouquet de tiges et les tablettes de bouillon émiettées. Salez, poivrez et couvrez avec 80 cl d'eau froide. Portez à ébullition, puis laissez frémir environ 20 min, jusqu'à ce que les pommes de terre soient tendres.

2 Dans le même temps, râpez le parmesan. Dans une petite casserole, mettez la crème à chauffer, puis mettez-y le parmesan à fondre.

3 Ôtez le bouquet de tiges de persil de la casserole. Versez-y la moitié de la crème au parmesan et mixez pour obtenir un velouté.

4 Versez le velouté dans des bols, décorez du reste de crème au parmesan, donnez un tour de moulin à poivre, et servez très chaud.

POUR : *6 pers.*

PRÉPARATION : *20 min*

CUISSON : *55 min*

SOUPE ORIGINALE

Velouté de potiron au foie gras

FACILE • ABORDABLE

INGRÉDIENTS

240 g de foie gras cru • 1 kg de chair de potiron • ½ oignon • ½ carotte • 1 brin de persil • 20 g de beurre • 50 cl de bouillon de volaille • 50 cl de crème liquide • 1 cuil. à soupe d'huile d'olive • Sel • Poivre

RÉALISATION

1 Coupez et évidez le potiron à cru, puis détaillez-le en quartiers. Coupez l'oignon et la carotte en grosse mirepoix. Dans une cocotte, faites-les suer sans coloration dans l'huile et le beurre, puis ajoutez le potiron. Mouillez avec le bouillon de volaille, portez à ébullition et laissez frémir pendant 45 min.

2 Vérifiez la cuisson du potiron en plantant la lame d'un couteau dedans. Retirez du feu et mixez à chaud. Remettez la cocotte sur le feu et ajoutez la crème liquide. Salez et poivrez. Après une petite ébullition, passez le velouté au chinois. Réservez au chaud.

3 Trempez la lame d'un couteau dans l'eau bouillante, puis taillez des tranches épaisses de foie gras. Salez et poivrez. Faites-les griller dans une poêle à griller sans matière grasse. Retournez-les et vérifiez leur cuisson en enfonçant un spaghetti cru dedans : il ne doit pas se casser.

4 Répartissez le velouté chaud dans des assiettes creuses et déposez le foie gras poêlé. Parsemez de persil.

Chef&Sommelier

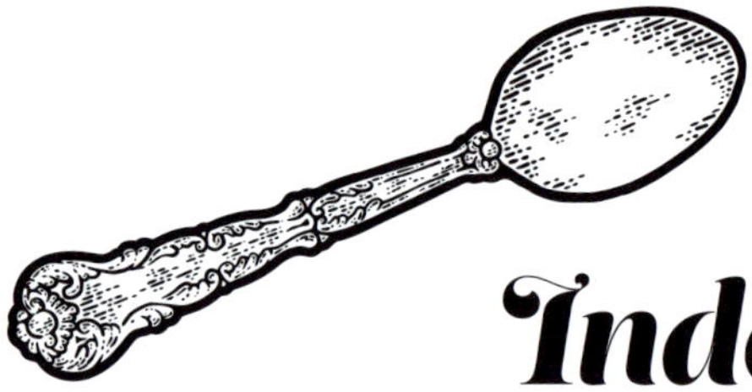

Index

PHOTOGRAPHES

Atelier Sylvain Madelon : p. 106-107 ; Aimery Chemin : p. 38-39, 54-55, 96-97, 110-111 ; Delphine Constantini : p. 16-17, 40-41, 46-47, 56-57, 64-65, 66-67, 120-121, 124-125 ; Guillaume Czerw : p. 74-75, 80-81, 82-83, 84-85, 90-91 ; Charly Deslandes : p. 60-61 ; Valéry Guedes : p. 116-117 ; Valérie Lhomme : p. 108-109, 118-119 ; Nicolas Lobbestael : p. 48-49, 86-87, 98-99 ; Catherine Madani : p. 30-31, 122-123 ; Julie Mechali : p. 50-51, 52-53, 62-63, 104-105 ; Sophie Menut Yovanovitch : p. 76-77, 92-93 ; Quitoque : p. 78-79 ; Laurent Rouvrais : p. 20-21, 22-23, 28-29, 32-33, 36-37, 58-59, 72-73, 88-89, 100-101, 102-103, 114-115 ; Edouard Sicot : p. 18-19, 42-43 ; Michka Theus : p. 26-27, 34-35 ; DR : p. 68-69.

RECETTES

Noël Bérard : p. 40-41 ; Tiphaine Campet : p. 90-91 ; Annelyse Chardon : p. 50-51 ; La Fontaine de Mars : p. 124-125 ; Silke et Cristophe Freund : p. 68-69 ; Irène Karsenty : p. 80-81, 82-83, 84-85 /avec Sophie Menut et Pascale Mosnier : p. 74-75 ; William Ledeuil : p. 34-35 ; Sophie Menut Yovanovitch : p. 16-17, 18-19, 22-23, 28-29, 32-33, 36-37, 38-39, 46-47, 48-49, 52-53, 56-57, 58-59, 62-63, 66-67, 72-73, 76-77, 86-87, 88-89, 92-93, 98-99, 100-101, 102-103, 104-105, 108-109, 110-111, 114-115, 118-119, 120-121 /avec Coralie Ferreira : p. 54-55, 60-61, 96-97 / avec Myriam Darmoni : p. 42-43 / avec Tiphaine Campet : p. 64-65 ; Pascale Mosnier : p. 20-21, 30-31, 116-117, 122-123 ; Quitoque : p. 78-79 ; Michka Theus : p. 26-27 ; DR : p. 106-107.

Direction d'édition : Nathalie Viard
Edition : Adeline Lobut
Assistante d'édition : Romane Bernard
Recettes : Cuisine et Vins de France
Conception graphique et mise en pages : Either Studio/ Damien Payet
Couverture : Either Studio/ Damien Payet

Éditions Marie Claire
Publiées par Société d'Information et de Créations - SIC ; Une société de Marie Claire Album
9 place Marie-Jeanne Bassot CS 50238 - 92593 LEVALLOIS-PERRET CEDEX
Tél. 01 41 46 88 88
RCS Nanterre 302 114 509
SARL au capital de 822.000 euros

ISBN : 979-10-323-0947-6
N° Éditeur : 38369
Imprimé par Rotolito, Roumanie
Dépôt légal : octobre 2023.